AF578950

CRITIQUE

HISTORIQUE ET POLITIQUE

DE

L'AMI DES LOIX.

CRITIQUE

LITTÉRAIRE ET POLITIQUE

DE L'AMI DES LOIX,

Pièce en cinq Actes et en Vers ;

Par une Société de Gens de Lettres.

Vitam impendere vero.

A PARIS,

Chez MOMORO, Imprimeur-Libraire,

rue de la Harpe, N°. 171.

1793.

L'An 2 de la République Française.

ON vient de donner au Théâtre Français une pièce intitulée : *l'Ami des Loix*. Les débats qu'elle a causés, les applaudissemens multipliés des aristocrates qui s'y rendent en foule, nous imposent la nécessité de la montrer enfin telle qu'elle est au public abusé : il est tems qu'une célébrité si peu méritée soit anéantie sous le mépris du républicain et de l'homme de lettres ; il est tems de disséquer ce tissu d'injures, de flagorneries ironiques, de contre-sens, de faux caractères, ce monstre de théâtre, où il n'existe que deux ci-devant nobles, tous deux vertueux, honnêtes, dans le sens de l'auteur ; où ceux qu'on qualifioit autrefois de *roturiers* sont tous des scélérats, où la liberté n'a que des abus, le peuple ne commet que des forfaits ; où l'auteur a craint de parler de ces monstres (tous de cette ci-devant noblesse qu'il nous peint exclusivement vertueuse) qui ont abandonné leur pays pour venir le déchirer. Il n'a pas voulu les couvrir de l'opprobre de leurs crimes, encore moins de la honte de leur défaite : il n'a pas voulu les accabler du triomphe de l'auguste liberté. Il nous a bien peint des factieux ; mais il n'a pas parlé de ces ci-devant nobles perfides, qui n'ont pas même l'énergie de la scélératesse, dont les vils complots éclatent tous les jours, et qui sont souvent eux-mêmes ces factieux, ces nomophages, qui font haïr la liberté pour la renverser.

Jettons un coup-d'œil sur cet ouvrage; qu'y verrons-nous ?

Un incivisme plâtré de l'amour des loix :

Un nœud fondé sur une convention invraisemblable et puérile :

Une intrigue mal conduite :

Un dénouement ridicule :

Des caractères pleins de contre-sens :

Des vers du treizième siècle, enjambemens, solécismes, pléonasmes, mauvaises épithètes, etc. etc.

CRITIQUE
DE L'AMI DES LOIX.

ACTE PREMIER.

SCÈNE PREMIÈRE.

(*Page* 1) Ce fracas alloit mal aux goûts purs de son ame.

Goûts purs, expression dure et inconvenable ; ce seroit plutôt *aux goûts paisibles*.

(*Page* 2) Elle y cultive en paix votre idée et son cœur.

1°. C'est annoncer obscurément l'amour de la petite inconnue pour Forlis : 2°. cultiver son cœur et l'idée de quelqu'un, n'est pas même d'une bonne prose.

(*Idem*) Leurs fonds sont rehaussés ; vos quinze jours
d'absence,
Aux dépens de la vôtre, ont grossi leur puissance.

On avoit reproché à l'auteur d'avoir fait de son Ami des Loix un noble ; il a répondu, dans sa préface, qu'un des motifs qui l'y avoit déterminé, étoit la difficulté d'une alliance entre un roturier et la fille de *M. le baron de Versac*. Cependant ce vers nous annonce les espérances fondées des rivaux de Forlis, qui ne sont que des roturiers. Nous laissons aux vers suivans le soin de démentir leur auteur, d'ailleurs aussi peu conséquent dans ses raisonnemens que dans ses caractères. Que veut dire : *grossir la puissance de ces rivaux ?*

(*Idem*) Ma parole ? elle est sûre :
Je la tiendrai.

La parole du bon ci-devant ne devroit pas tant rassurer Forlis, puisqu'il lui confesse ingénuement que madame sa femme est maîtresse absolue.

(*Page* 4) Madame veut avoir aussi sa volonté :

Dit-on : *Vouloir avoir sa volonté?*

(*P*.5) Non.... On tient donc toujours bureau de politique?

Quel que soit l'empire de madame Versac sur l'esprit de son mari, il sera toujours étonnant qu'ennemi non-seulement des factieux, mais encore du régime républicain, il souffre que sa maison devienne le rendez-vous des anarchistes, le foyer des désordres et l'entrepôt des forfaits.

(*Idem*) Le portrait est fidèle entre nous, mais je voi
Que vous vous alarmez un peu trop tôt pour moi.

Transition mal-adroite.

(*P*.6) Vous qui trouvez tout bien, monsieur l'homme sensé,

Autre transition qui n'est pas plus heureuse : l'auteur vouloit absolument les mettre aux prises. Nous suivrons les argumens.

(*Page 6*) Votre femme

Est au club à faire des décrets...

Disons un mot sur madame Versac: caractère ridicule, invraisemblable, inutile à la pièce, inutile à tous égards, puisqu'il n'est point de femmes dans le rang de *la baronne de Versac* sur-tout, qui passent leur vie dans les clubs, encore moins à faire des décrets. Nous ne nous étendrons pas davantage sur ce triste personnage; c'est une folle qui ne présente ni agrément, ni intérêt, ni utilité.

(*Idem*) Coblentz. (*Ce sont des lettres qu'il reçoit.*)

Ici l'indignation de l'honnête républicain se soulève. Que j'aime à voir l'auteur *d'un faste de civisme, habillant sa préface*, se tuer à nous persuader qu'il a dû faire de son aristocrate *un honnête homme!* Et qu'appelle-t-il un honnête homme? Suffit-il, pour mériter ce titre auguste, de ne pas arracher à d'autres des richesses dont on regorge? C'est être sans vertus, et non pas honnête homme. Celui-là l'est-il qui, n'ayant que la lâcheté du crime, plus dangereux que ces brigands déclarés contre la liberté des peuples, entretient avec eux une correspondance criminelle; et dans quel tems? Pendant la guerre: car malgré tous les démentis que l'auteur se donne à lui-même, à l'époque de sa pièce, le gouvernement républicain étoit établi; donc la guerre étoit déclarée.

Non, l'honnête homme n'est pas celui qui voit, avec un plaisir barbare, l'approche des tyrans et de leurs satellites, et qui, pour de vains priviléges, la honte de l'humanité, sourit avec férocité à l'idée de sa patrie ensanglantée. Vainement l'auteur, colorant d'un vernis séduisant les opinions de son héros, voudroit-il se déguiser à nos regards sévères. Je ne vois dans Versac qu'un homme plus dangereux au sein de sa patrie, que ceux dont il partage la férocité, s'enveloppant faussement, aux yeux du peuple qu'il veut égarer, du manteau de l'humanité, qui n'est chez lui qu'une vertu d'ostentation. Non, sans doute, il ne falloit pas faire de Versac un imbécille, un monstre; la vertu peut s'allier avec des erreurs politiques : mais plus l'auteur rendoit Versac fort en principes, plus aussi les réponses de Forlis devoient être victorieuses : son triomphe, celui du vrai patriote, eût été plus brillant. Mais que répond Forlis aux insolentes fanfaronades de Versac ? De quel manière résout-il les argumens les plus captieux, les plus séduisans? Avec l'arme d'une ironie insignifiante, une pirouette, un *tout est bien, sera bien*. Mais l'impression qu'a faite l'objection est restée dans l'ame du spectateur; l'aristocrate toujours sort vainqueur du combat; et l'Ami des Loix, qu'on auroit pu croire, sur la foi de l'auteur, républicain zélé, n'est qu'un petit raisonneur, trop foible pour le grand nom qu'il porte, et incapable de lutter avec l'alcide Versac. Oui, je le dirai hautement, si l'auteur de l'*Ami des Loix* avoit aimé le systême républicain; s'il eût haï vraiment les tyrans, si son amour pour le peuple eût été sincère, c'étoit le cas de rappeler les efforts héroïques qu'il a faits pour conquérir sa liberté. Il falloit le peindre se portant en flots vers les frontières pour défendre la patrie, bravant l'intempérie des saisons, faisant la liberté du nord et du midi; toujours grand, toujours lui-même. Mais non, on a soin de cacher jusqu'à son triomphe : l'Ami des Loix est de glace quand il faut éclairer Versac; il se défie de ses forces, s'avoue presque vaincu; et le patriote abusé, séduit, quitte l'Ami des Loix, peut-être plus ennemi des factieux, mais aussi moins ami de la liberté, qu'on ne lui peint qu'en traits de sang.

Après avoir critiqué cette scène en républicains, nous allons la critiquer en littérateurs, et nous verrons que les principes de l'art y sont aussi méconnus que ceux de la liberté, et les vers aussi pitoyables que les raisonnemens.

(*Page* 7) Vous m'effrayez! les rois!

Eux, monsieur, et leur suite.

Terme bien impropre; l'auteur vouloit sans doute parler des armées.

Les quatre vers suivans sont durs et prosaiques, cependant bien travaillés :

VERSAC.

(*Idem*) Un manifeste adroit, bien détaillé ;
Et d'une bonne armée au besoin appuyé
S'imprime, qui pesant dans un juste équilibre
Les droits des souverains et ceux du peuple libre...

Adroit, *bien détaillé*, *bonne armée*, épithètes dignes d'un rimailleur, besoin d'achever des vers.

Au besoin appuyé, contre-sens grossier, puisque, tout rayonnant de joie, il vient nous déclarer qu'elle arrivoit elle-même.

(*Page* 8) Mais tous nos droits d'abord.

Dit-on que des droits vont se *ranimer*?

FORLIS.

(*Idem*) Pour de vains privilèges ?

Ici Forlis qu'on se plaît à nous peindre si philosophe, si grand, auroit dû s'attacher à prouver à son adversaire que les privilèges, dans un régime libre, ne sont que des abus flétrissans, et qui dégradent la dignité de l'homme en l'élevant au-dessus de son semblable. Mais Forlis en parle rarement : philosophe d'aujourd'hui, il semble craindre d'attaquer ouvertement un préjugé que la raison désavoue, et jamais il ne compare la vanité de ces titres à la grandeur de l'homme : d'ailleurs cette pitié dont il n'honore que les Français, n'est-elle pas insultante? Il semble ne pas douter de leur défaite : ce bonhomme se contente de solliciter un pardon injurieux. D'ailleurs je rappelle l'auteur à l'époque de sa pièce, la république est établie; alors nous avions déjà prouvé, par des victoires multipliées, par l'expulsion des tyrans, que Forlis pouvoit lui rappeler, la différence d'un troupeau enchaîné et d'un peuple armé pour sa liberté. Ou l'auteur commet un anacronisme impardonnable, ou il craint de parler de nos triomphes. L'Ami des Loix montre le peuple en beau dans ses foiblesses et ses erreurs; il ne le peint jamais terrassant d'un bras victorieux les tyrans de l Europe.

(*Idem*) Non, s'ils sont teints de sang j'abjure nos lauriers.

Voilà l'honnête homme qui vient de dire :

Par cent bouches à feu va vous être exprimée.

Ces deux vers emportent une contradiction manifeste : mais il falloit, aux dépens des vraisemblances, en faire *un honnête homme.*

(*Id.*) Et, s'il faut franchement dire ce que j'éprouve, etc.

J'éprouve, cheville ; il faut rimer. Comment, dans les vers suivans, concilier cet honnête désaveu, avec le plaisir qu'il goûte à raconter leur venue? Tous les caractères de la pièce devoient-ils être des filto ?

(*Page* 9) Vous attendrez.

Est-ce par une plaisanterie qu'un républicain sévère devoit répondre à ces atrocités ?

(*Idem*) Que vous verrez.

Le plus infâme blasphême est repoussé par une ironie froide et vuide de sens: l'auteur est pitoyable en logique.

(*Idem*) Nous marchons dans une route égale.

Les réponses suivantes ne sont que des mots peu propres à ramener Versac, et à lui prouver la vanité de ses titres.

(*P.* 10) Caton qu'un saint amour pour sa Rome enflama,
La voulut reculer au siècle de Numa.

Nous ne nous étendrons pas sur les objections adroites de Versac, mais sur les réponses mal-adroites et absurdes de Forlis, qui semble avoir fait vœu de ne jamais répondre directement. Versac prétend que Caton prépara les fers de Rome par son trop de vertu. Voyons Forlis :

(*Page* 11) Oui Caton se trompa, etc.

(*Idem*) Ce vœu fut, j'en conviens, d'un fou plus que d'un sage.

Voilà donc Caton jugé irrévocablement fou, pour avoir voulu rendre aux Romains leur antique liberté, leurs antiques vertus.

Il connut bien mal la nature.

Les hommes seroient bien malheureux, Dieu seroit bien injuste, s'il étoit des tems où c'est un crime que d'aspirer à l'honneur d'être libre, d'être vertueux, d'éclairer ses concitoyens ou de travailler à leur bonheur. Monsieur l'auteur, apprenez, si vous l'ignoriez, la réponse que Forlis devoit faire : qu'un peuple est libre quand il le veut ; que la tyrannie n'est jamais nécessaire, et que Caton mourant libre, loin de préparer les fers de Rome, enfanta les Brutus, les Cassius, et prépara notre liberté, peut-être celle de l'univers. Caton censuré par un républicain !

(*Page* 11) L'avons-nous imité ? Toutes nos vieilles loix, etc.

Quelle comparaison à établir entre Caton et nous ! Caton vouloit réchauffer dans l'ame des Romains les principes d'une liberté de six siècles ; et nous, nous voulons anéantir les principes d'un esclavage de quatorze cents ans ? Caton alloit-il fouiller, *dans des mines sépulcrales, des titres tout rongés de rouilles féodales ?*

(*P.* 12) Le temps, l'expérience
Vous donne un démenti : mais je perds patience ;

Observons que l'auteur termine la dispute au moment où Versac l'emporte par un argument spécieux ...., et que Forlis a la bonté de laisser passer la mauvaise transition.

(*Idem*) Qui ?

Ce *qui*-là est plaisant, quand on vient lui dire que c'est M. Plaude.... ; mais le *qui* amène l'explication du caractère.

(*Page* 13) Dénoncer le matin ses rêves de la nuit.

Plaude ne dénonce pas.... Il met en prison.... Cela appartient au caractère de Duricrâne.

(*Idem*) Dans le champ politique effaçant ses émules,
Nul ne sait comme lui cueillir les ridicules.

Vers obscurs, expressions impropres....

SCÈNE III.

(*P.* 15) Je viens de t'informer des puissantes raisons, etc.

Quel vers....! Quelle foiblesse de caractère !

SCÈNE IV.

(*P.* 17) Si vous avez l'esprit moins juste, au fond de l'ame,
J'aurois bien quelque droit de m'effrayer, madame.

Au fond de l'âme ; bien : quelque, chevilles. Forlis d'ailleurs a une confiance bien mal fondée.

(*P.* 18) Qui vient exprès dîner.... Mais j'oublie à propos
Que je vais vous parler encor de vos rivaux,....

L'auteur aime les transitions ; mais il n'est pas heureux.

(*Page* 18) Quoique vous les traitiez avec un peu d'humeur,
J'aime à vous voir ici tous quatre bien en prise!

Tous quatre bien, vers détestable. Suivons :

(*Idem*) Nous vous aurons demain.

FORLIS.

(*Idem*) Craint-on ce qu'on méprise?
Oui, madame.

A quoi se rapporte *Craint-on ce qu'on méprise* et ce *oui, madame?* Quelle liaison! sauter alternativement d'un dîner à une dispute ; propos interrompus : ce n'est-là, comme le dit l'auteur, ni du latin, ni du grec, ni même *du français*.

(*Page*. 19) Un combat sans danger donne un laurier sans gloire.

Fanfaronade, mauvaise parodie.

(*Page* 20) Cet immense pays rétréci comme Athène!

Il faut deviner que l'auteur a voulu dire que le projet de ces factieux est de mettre à la gêne cet immense pays, et le rétrécir comme Athène. Immense pays *rétréci* est un vrai contre-sens ; mais il ne dit pas toujours ce qu'il veut dire.

(*Idem*) Ah! ne confondez pas le cœur si différent
Du libre citoyen, de l'esclave tyran.

Quelle rime, quelle tournure de vers! Dans les suivans, il s'en rencontre de bons : il en est aussi de mauvais, tels que

(*Idem*) Compatissant aux maux de tous tant que nous sommes,

d'obscurs.

(*Idem*) Et du bonheur public posant les fondemens,
Dans celui de chacun en voit les élémens.

Vient après une charmante transition.... Forlis est tantôt sérieux, tantôt fat.

Le reste de la scène, M. de Versac débite ses folies, et M. Forlis plaisante.

En général, la versification du premier acte est plus pure que celle des autres actes ; mais les caractères y sont aussi mal développés. M. de Versac est le dernier, le plus foible des hommes ; avec sa petite femme, le plus sot des maris et le plus adroit des aristocrates, s'il ne disoit aujourd'hui le contraire de ce qu'il a dit hier. Si l'on mettoit tous les vers de Versac à côté les uns des autres, la moitié détruiroit l'autre moitié. Beau caractère...!

M. Forlis, après avoir fait des pirouettes de *marquis à talons rouges* quand on lui faisoit une objection sérieuse, donne quelquefois dans les grands mots, et pense rarement à l'objection pour faire une réponse... Il a parlé... Cela suffit-il. Enfin, dans le premier acte, Forlis n'est qu'un fat, et non un *républicain sévère*, comme le dit l'auteur dans sa préface.

M. de Versac parle suffisamment pour se faire connoître ; nous n'ajouterons rien à son portrait.

ACTE II,

ACTE II.

SCÈNE PREMIÈRE.

FORLIS, BENARD.

Bénard, intendant de notre républicain, ouvre la scène en présentant à son maître une liste contenant les noms de cent-cinquante inconnus, que monsieur Forlis paie journellement : cette liste et la convention ridicule qui est au bas, forment toute l'intrigue de la pièce; je m'explique. Nomophage, Duricrâne et ses agens, n'auroient pu, malgré leur scélératesse, faire un crime à Forlis de payer cent-cinquante personnes : on voit tous les jours l'homme riche et bienfaisant répandre ses trésors au sein des malheureux; conséquemment une simple liste trouvée par Duricrâne, ne suffisait pas pour légitimer l'arrestation de Forlis, et former une intrigue. Qu'a donc fait l'auteur; il a fait mettre au bas de la liste des orphelins secourus la condition ridicule d'un secret dont la violation entraîneroit l'abandon de ces malheureux; et, à l'aide de cette petite invention, l'auteur, très-satisfait, bâtît sa charpente. Quels pitoyables moyens! quelle ignorance des grands secrets de l'art! Mais aussi quel pacte puérile! Vit-on jamais l'honneur bienfaisant, qui secoure sans ostentation, s'engager par acte à alimenter des malheureux sous la condition expresse du secret? Un engagement par écrit ne fait-il pas, du plus doux des plaisirs, un devoir indispensable? Et la vertu, qui cherche dans l'obscurité de la misère l'orphelin qui y est caché, prend-elle avec tant de soin celui de se dérober à la reconnoissance? Non, sans doute; on fait du bien sans paroître le savoir, on exige du secret, mais jamais par un acte : la vertu trop modeste finit par n'être plus qu'ostentation.

L'auteur savoit bien tout cela; mais il falloit faire une intrigue, et il a mieux aimé la rendre ridicule, invraisemblable, que n'en point faire du tout. Suivons-le de scènes en scènes.

BENARD.

(*Page* 24) Ce nombre est un peu cher, monsieur, à soudoyer!

Soudoyer est l'expression qui convient aux scélérats dont on achète les bras pour les faire servir au crime : elle déshonore les bienfaits de Forlis.

SCÈNE II.

NOMOPHAGE et FILTO.

Rien n'est si plaisant que de voir

arriver chez madame de Versac Nomophage et Filto, pour se communiquer le plan d'un partage qui n'a dû être fait qu'entre les chefs de la faction. Duricrâne n'étoit pas non plus présent à la distribution des provinces; et chacun a droit de se demander, quand Nomophage dit :

(*Page 26*) J'ai su faire valoir mes services extrêmes :

Qui donc présidoit à ce partage? Nomophage n'est-il pas le premier ressort qui fait mouvoir la machine politique? Duricrâne, Filto, et, si l'on veut, Plaude, ne sont-ils pas sous lui les héros secondaires? Qui devoit régler les lots brillans qui alloient leur échoir, si ce n'est ceux qui avoient eux-mêmes désorganisé l'empire pour se le partager? En vérité, convenons que l'auteur sacrifie souvent la vraisemblance à sa commodité.

NOMOPHAGE.

(*Idem*) Et qui veut réussir ménage tout le monde.

(*Page 27*) Soyons justes d'ailleurs, mon cher : sous l'ordre ancien, etc.

Voilà, certes, une transition bien gauchement amenée.

Le même.

(*Idem*) Or, d'un vaste pays maintenant gouverneurs,
Nous aurons des sujets, des trésors, des honneurs;
Nous qui, riches de honte et sur-tout de misère,
N'avions en propre, hélas! pas un arpent de terre.

Je ne sais si le projet du démembrement

de la France en trente cantons a jamais existé dans quelques cervaux délirans ; mais au moins est-il vrai qu'aujourd'hui ce projet ne nous allarme pas beaucoup : l'auteur a dû nous donner une peinture vivante des machinations des intrigans, et non ressusciter de vieilles chimères, rêves burlesques de quelques factieux disparus depuis long-tems. On ne voit, dans l'*Ami des Loix*, qu'un ouvrage commencé à l'époque de notre révolution, et habillé gauchement de quelques traits qui dépeignent à peine les factieux de 1793.

Riches de honte, dans la bouche de Nomophage, détruit l'idée qu'on s'est faite de son grand caractère. Nomophage, qui se voit au moins digne de rivaliser avec Forlis, ne doit pas, même au sein de ses complices, s'avilir, se dégrader ; c'est un grand scélérat qui doit toujours être tel.

FILTO.

(*Page* 27) Oui... voyons le travail... Mâcon... Beaune... vraiment,
Bon pays pour le vin !

NOMOPHAGE.

(*Ibid.*) Il tombe au plus gourmand.

Plaisanterie dégoûtante dans la bouche de Nomophage.

Et le vers d'après :

(*P.* 27) Vous allez y manger les chapons par centaine

C'est le mauvais par excellence.

FILTO.

(*P.* 29) Ce plan me paroît bien. Il n'y manque à présent
Que l'exécution et le succès.

L'auteur auroit dû savoir que, dans ce cas, *exécution* et *succès* sont synonymes.

Le même.

(*Idem*) Le Forlis nous travaille, et nous, et notre suite;
Avec une vigueur de talens

Quel vers dur! D'ailleurs nouvelle contradiction. Forlis, parti depuis quinze jours pour la campagne, est à peine de retour, qu'on le peint déjà occupé à déjouer les factieux : c'est encore le besoin de l'amener en scène qui fait échouer là le bon-sens.

FILTO.

(*Page* 30) Mais ce Forlis m'étonne, et j'ai honte, entre nous,
D'être à lui peu semblable, et si semblable à vous.

Déclaration flatteuse de Filto : ce Filto, en vérité, est un personnage bizarre. Associé au crime, la vertu vient pourtant quelquefois le poigner; c'est un enfant, depuis le premier acte jusqu'au dernier, qui tourne aux vents de toutes les factions; composé, bizarre de forfait et de vertu, esprit foible, sans énergie; en un mot, caractère qui jamais ne peut être mis sur la scène avec succès.

NOMOPHAGE.

(*Page* 30) Dans les flancs de l'airain que la flamme enfermée

Frappe en se faisant jour notre oreille alarmée,
J'y consens; mais plus ferme et bravant tous les feux,
Le cœur, sans s'étonner, s'élance au milieu d'eux.

Je donne au plus fin à deviner ce que veut dire ce *J'y consens;* et que signifie, *mais plus ferme;* plus ferme que quoi? Ah! l'auteur de l'*Ami des Loix* auroit dû joindre, pour l'intelligence de sa pièce, un volume de notes à la suite de l'ouvrage.

(*Idem*) Se fourvoye, et s'égare au plus beau du chemin.

Vers pitoyable, et qui déshonore celui qui le précède.

(*Page* 32) Nous pouvons aussi rire; car nous aurons de quoi.

Mais parlons d'autre chose un peu; ça dites-moi : etc.

Peut-on, avec un peu de goût et d'amour-propre, enfanter et faire imprimer de pareils vers? M. l'auteur, je vous cite, dans ce moment, à votre propre tribunal. Vous conviendrez que rien n'est plus mauvais, si j'en excepte pourtant ces deux vers qui suivent de près.

FILTO.

(*Idem*) Monsieur le gouverneur de l'un et l'autre Maine,
Peut trouver dans les cours quelqu'infante, et sans peine.

Quelle flagornerie ridicule!

SCÈNE III.

NOMOPHAGE, FILTO et DURICRANE.

NOMOPHAGE.

(*Page* 33) Oui, ta gaîté maligne,
D'un complot découvert nous doit être un doux signe.

Quelle versification difficile; ce n'est par-tout que chevilles, épithètes mal choisies; jamais d'harmonie, l'oreille est toujours choquée.

DURICRANE.

(*Page* 34) Oh! oui, le ciel sur moi manifeste sa grace,
A sauver la patrie il m'a prédestiné!

On voudra bien ne pas perdre de vue que Duricrâne, quelque jaloux qu'il soit de perdre Forlis, paroît pourtant, dans ces deux vers, être persuadé de la solidité des preuves qu'il a du crime prétendu de Forlis.

(*Page* 36) Cent-cinquante ennemis qu'il soutient, sans reproche,

Sans reproche, cheville.

NOMOPHAGE.

(*Idem*) Parle, point de longueurs.

Rien n'est pourtant plus vif, plus prompt que le récit de Duricrâne.

Nomophage connoît déjà le coupable, son crime, les preuves; que vouloit-il savoir davantage?

DURICRANE.

(*P.* 37) Après un court narré vague et non important;

Vers détestable, surchargé d'épithètes plus mauvaises, plus insignifiantes les unes que les autres.

NOMOPHAGE *lit.*

(*Page* 38) « Liste des noms de ceux à qui moi,
» Charles-Alexandre Forlis, je m'engage à fournir,
» jusqu'au terme convenu, une paie de vingt sols
» par jour, bien entendu que de leur part ils rem-
» pliront les conventions par eux souscrites, et me
» garderont le secret ».

Je laisse à juger si tout bon patriote, entre les mains de qui pareille liste seroit tombée, auroit hésité d'en citer l'auteur au tribunal de l'opinion publique? Non, l'amour de la patrie, celui de la liberté, lui en auroit fait une loi. Il se seroit trompé, eh-bien! le vrai patriote, satisfait d'avoir fait son devoir, goûte avec le plaisir de n'avoir rien à se reprocher, celui de voir un innocent dans celui qu'il accusoit.

L'auteur a manqué son but; il a voulu nous peindre dans Duricrâne un scélérat atroce, et il n'en a fait qu'un demi-méchant. Il se réjouit en effet des maux qu'il va causer à Forlis; mais il le voit coupable, et le sentiment qu'il a de son crime justifie au moins la dénonciation. Pour nous le faire haïr davantage, il falloit que, pénétré de l'innocence de Forlis, Duricrâne, appuyé de quelqu'apparence de preuve, allât le dénoncer, et solliciter vigoureusement sa condamnation; alors Duricrâne auroit paru ce qu'il devoit être, un profond scélérat.

SCÈNE IV.

FILTO *seul.*

(*Page* 42) Remplissons notre sort, je n'ai qu'eux pour appui.
Hélas! que ne peut-on, d'une marche commune,
En restant honnête homme, aller à la fortune!

Ce pauvre Filto vient ici philosopher d'une manière assez plaisante : un élan de vertu le prend, et il regrette de n'être pas honnête homme : il pleure ses erreurs; cependant, dit-il, *remplissons notre sort;* c'est-à-dire, *continuons à vivre dans le crime, puisque je n'ai qu'eux pour appui.* Voilà un homme au moins qui sait mettre à profit ses remords.

Nous observerons, en terminant cet acte, qu'il est bien invraisemblable que

Duricrâne, qui se rendoit à dîner chez Versac, ait pu, dans le court espace d'une scène, découvrir un complot, en parcourir les preuves, le dénoncer au comité, et revenir ensuite communiquer ce succès à Nomophage. Passe au moins si l'auteur avoit placé entre deux actes, et la découverte du complot, et l'arrivée de Duricrâne, pour en faire part à ses complices.

ACTE III.

SCÈNE PREMIÈRE.

FILTO, NOMOPHAGE.

NOMOPHAGE.

(*Page* 43) Trembler! voilà votre art.

Dit-on qu'on se fait un art de trembler? Cette expression est mauvaise; l'homme foible par caractère, comme l'est Filto, ne peut l'être par art.

FILTO.

(*Page* 44) Et quoique enfin du peuple ordonne l'intérêt,
S'il frappe l'innocence il n'est plus qu'un forfait.

Filto lui-même vient d'avouer qu'il est possible que Forlis soit coupable : à quoi reviennent donc ces deux vers? L'animosité de Nomophage seule est coupable, mais la dénonciation juste. On l'a déjà dit plus haut.

NOMOPHAGE.

(*Idem*) Filto, trève à la peur, ou trève à la morale.

Nomophage vante plus bas les complices de ses crimes, ces gens à principes, gens d'élite; il a tort : ce Filto, qui toujours l'assomme de sa morale, prouve que Nomophage choisissoit bien mal ses amis, et quand il lui dit, en parlant du secret de leur marche.

(*Idem*) Qui diable voulez-vous qui la trahisse? Rien.

Il ne devroit point oublier qu'il parle à ce Filto qui, dans un moment de remords, peut dévoiler les projets les plus importans.

FILTO.

(*P.* 45) Laisser sécher son cœur! l'endurcir à ce point!

On ne dit pas laisser sécher son cœur; cette expression est mauvaise.

NOMOPHAGE.

(*Page* 46) Tout beau, monsieur Forlis, vous qu'on dit si sensé,
Vous saurez ce que peut l'amour-propre offensé.

Le bon sens est encore ici sacrifié à la rime; car qu'avoit là besoin ce *vous qu'on dit si sensé*; c'est une superfluité qui n'amène du vers suivant que la rime.

(*Idem*) Bien mieux que vous pour lui, contre lui l'écrit plaide.

Nous laissons à l'oreille la moins délicate, à juger du mérite de ce vers.

(*Page* 47) et que tout titulaire
Ne se convertit point au culte populaire.

Ce vers et les deux suivans;

(*Idem*) Le serpent, constant dans ses humeurs,
Change de peau, jamais il ne change de mœurs.

Ces vers, dis-je, dans la bouche de Nomophage, et qui offrent des vérités frappantes, ne justifient-ils pas ses procédés. L'auteur veut peindre un scélérat; et malgré ce projet, il s'acharne à adoucir les traits qui pourroient le faire paroître tel; voilà, en vérité, un talent particulier pour suivre la vérité des caractères.

(*Page* 47) Il faut vous dicter tous vos pas.

On guide, on dirige les pas de quelqu'un; mais on ne les lui dicte pas.

SCÈNE III.

NOMOPHAGE, FILTO, madame VERSAC, FORLIS, PLAUDE.

PLAUDE.

(*Page* 49) Et doit, pour son grand bien, bouleverser la France.

Un intrigant qui cherche à bouleverser un état ne va pas sotement indiscret publier par-tout ses projets; il craint l'œil sévère du vrai patriote; et plus adroit que ne le peint l'auteur, on ne le voit point annoncer à qui veut l'entendre ses perfides desseins, Plaude auroit dû craindre de se dévoiler devant Forlis qu'il ne connoît pas; mais il falloit annoncer la tirade de la propriété; qu'importe qu'on blesse les vraisemblances, dès qu'on y parvient.

FORLIS *répond à Plaude.*

(*Page* 51) La modération n'est pas votre défaut.

Ici je pourrois faire à l'auteur le même reproche ; rien n'est plus mal-adroit que ses ressources, pour annoncer des morceaux qu'il croit brillans.

FORLIS.

(*Page* 52) Mais de ceux qui sans bruit, sans parti, sans systêmes,

Rien ne doit plus étonner que ce vers dans la bouche d'un ami des loix. Quoi ! ce républicain zélé qui doit être l'ennemi des tyrans, ce zélé défenseur de l'humanité est aujourd'hui sans parti, sans systême ! Mais l'ordre n'a-t-il pas un parti ? Le gouvernement républicain n'est-il pas un systême ? et Forlis n'est-il plus ni le partisan de l'un ni l'ami de l'autre ? Ah ! malgré l'auteur, l'Ami des Lois ne sera jamais qu'un froid égoïste *sans parti, sans systême.*

NOMOPHAGE.

(*Page* 53) Sont-ce ces paladins, armés pour un décret ?
Ces héros d'outre-Rhin, ces puissances altières ?

Que signifie et *armés pour un décret*, et *ces puissances altières ?* Ces deux vers sont d'une obscurité trop difficile à percer pour nous.

FORLIS.

(*Idem*) D'un faste de civisme entourant leurs grimaces;

Faste de civisme, pléonasme; le faste n'est autre chose que la grimace.

(*P.* 54) Honteux d'avoir été, plus honteux encor d'être;

Cette pensée est fausse, sur-tout pour Nomophage.

(*Page* 55) Quand un motif est pur, c'est une triste voie
Que d'en parler toujours pour faire qu'on y croie.

Vers dur, tournure de phrase pitoyable; en décomposant les deux vers, on voit que *qu'on y croie* se rapporte à *motif*, et non à *pureté* que *y* représente cependant.

(*Idem*) La vertu sans effort se doit persuader.

On a, sans doute, voulu dire que la vertu persuade sans effort; mais mis au passif, *persuader* est une mauvaise expression.

(*Page* 57) Brutus du sang des siens l'a jadis attesté:

Le sang de Brutus a-t-il jadis attesté que tout état devenoit malheureux quand le texte fléchissoit devant le commentaire? Je ne le crois pas: les fils de Brutus ont, en effet, été punis de mort pour avoir voulu conspirer contre la liberté, mais non pour avoir fait fléchir le texte devant le commentaire. L'auteur conviendra que le sacrifice du vers suivant lui paroissoit trop pénible, et qu'il a mieux aimé faire celui du bon sens.

PLAUDE.

(*Idem*) Qui n'apporte avec lui son traître... C'est sans trêve.

Chaque jour apporte avec lui son traître, ne peut se dire ; *c'est sans trêve* se dit encore moins.

VERSAC.

[*P.* 58] J'entends ; cela suffit pour se passer de preuves.

Que ce vers seroit beau dans la bouche d'un vrai patriote roturier ; mais dans la bouche de Versac, c'est un trait perfide : l'artifice de l'auteur se découvre malgré lui ; faire aimer Versac, voilà sou but.

PLAUDE.

[*Page* 60] Comment un homme sage
A-t-il quelque commerce avec ce personnage ?

Plaude ne connoît point M. Forlis : pourquoi donc le traite-t-il d'homme sage ?

SCÈNE V.

NOMOPHAGE, DURICRANE, FORLIS, VERSAC, madame VERSAC, PLAUDE, UN OFFICIER, SA SUITE.

Ici Plaude, on ne sait pourquoi, s'en va pour ne plus revenir, quoique invité à dîner chez madame de Versac, et venu chez elle dans cette intention.

FORLIS.

[*Page* 62] Ma critique
Paroît en ce moment suspecte, je le voi.
Au reste, eût-elle tort, j'obéis à la loi.

Voltaire

Voltaire et Racine, qui avoient acquis le droit d'user de ces licences, les employoient avec une discrétion que l'auteur de l'Ami des Loix n'a pas su imiter. Qu'il se so vienne que ce n'est que par une célébrité méritée, qu'on achète le droit d'accommoder la rime à son choix.

VERSAC.

(*Page 63*) Que la loi sans rigueur veille à sa sureté :

Que veut dire ce ton impératif de Versac, en parlant à l'exécuteur de la loi ? Pourquoi Forlis, arrêté comme coupable, n'en subiroit-il pas la rigueur comme tout autre accusé ? Est-ce en vertu de ses anciens titres ? On seroit tenté de le croire, si Forlis ne s'empressoit lui-même de faire oublier, par sa soumission, la sotise que vient de faire son ami.

L'OFFICIER.

(*Idem*) Mais de la loi, monsieur, trop rigoureux agent,
Dois-je apporter moins qu'elle un esprit indulgent ?

Voilà notre officier qui se met aussi à raisonner : chargé de faire exécuter la loi, mais attendri par *l'air décent* de notre ci-devant marquis, son devoir cède à sa sensibilité ; et, sans perdre de temps, il laisse sa garde dans l'anti-chambre, quitte son poste, et court solliciter la grace de Forlis ; mais avant de partir, il fait à

Versac et à tous les autres une apologie séduisante de l'humanité des citoyens-soldats.

Ces deux vers sur-tout nous ont paru être d'une touche bien délicate :

(*Page* 64) Et jamais endurci d'insensibilité ;
Le courage est toujours chez eux l'humanité.

Ou en retournant la phrase, le courage jamais endurci d'insensibilité est toujours humanité. Quelle élégance de style !

(*Page* 63) Vous faire prisonnier de l'ami qui vous aime,

Qu'est-ce qu'un ami qui n'aime pas ?

SCENE VI.

FORLIS *à madame Versac.*

(*Page* 65) Madame, pardonnez l'éclat inattendu
D'un coup, dont je me sens plus que vous confondu.

On ne dit pas être *être confondu d'un coup*, mais bien *accablé*.

ACTE IV.

SCÈNE PREMIÈRE.

FILTO, NOMOPHAGE.

FILTO.

(*Page* 68) Monsieur, encore un coup, vous me l'accorderez.

Nous verrons.

NOMOPHAGE.

Vous verrez.

FILTO.

Je ne vous quitte pas qu'avant je ne l'obtienne.

Vers inintelligibles, insignificatifs.

(*Page* 69) La liste ! eh-bien! cet assemblage
De noms tous inconnus peut bien être innocent.

Vers prosaïques....

NOMOPHAGE *lui répond*:

Innocent!.. Soudoyer un parti mécontent!
Tu Dieu! quelle innocence! ... ensuite, le mystère?

Cela justifie trop Nomophage.

Les vers qui suivent sont fatigans à la lecture.

Qu'il soit coupable ou non, avez-vous dû vous faire
Le vil ordonnateur des ressorts qu'aujourd'hui
Duricrâne sous vous fait mouvoir contre lui ?

Cette versification est bien pénible!

NOMOPHAGE.

(*Page* 70) A vous parler sans fard, etc.

Nomophage, dans cette tirade, se vante d'être un scélérat prononcé; première invraisemblance.... En second lieu, il va dire tout-à-l'heure qu'il n'existe ni vertu ni crime.

(*P.* 71) La fièvre des honneurs, des rangs et des succès,

Que signifient là *rangs et succès*; il falloit plutôt des honneurs et des biens.... Mais la rime....!

J'ai voulu faire en vain de vous une puissance:

Voilà Nomophage qui reprend ses châteaux en Espagne.

Mais le bien met obstacle au zèle repentant.

Que veut dire *un zèle repentant*, ou plutôt que veut dire ce méchant vers:

N'y pensons plus.

Et il va l'ennuyer d'un vain étalage de science mal digérée. C'est une tirade de hasard, que l'auteur avoit de trop, et qu'il a placé là, je ne sais comment ni pourquoi..... Nous ne nous arrêterons pas à ses détails, elle n'appartient point du tout à la pièce.

(*Page* 74) Adieu, mon cher Filto.

Nomophage avoit trop d'esprit.... Le voilà totalement usé..... Quelle inconséquence dans les caractères? Nomophage battu par un Filto....!

FILTO.

(*Page* 74) Malheureux, arrêtez;

Ce n'est pas tout, Filto n'est plus un homme foible; on diroit, à l'entendre prêcher, qu'il ne fut jamais coupable, encore moins qu'il va être le plus lâche des hommes.

Vous êtes perdu!

NOMOPHAGE.

Soit; etc.

Fanfaronade d'autant plus ridicule qu'il n'y a aucun risque pour Nomophage dans une dénonciation qui ne paroît que trop fondée; mais il falloit tracer ce caractère *fortement*. Nomophage ressemble à l'homme qui veut persuader qu'il n'a pas peur, quand il est loin des dangers.

SCÈNE II.

FILTO.

(*Page* 75) Sauver Forlis?

On diroit qu'il peut sauver Forlis; et comment? Filto ne sait pas que cette liste est innocente! Peut-il appeller celui qu'il croit un scélérat son bienfaiteur? Non, il n'en est que le complice à gage; et ce Filto, dont la vertu est quelquefois si épurée, me fait honte quand il vient nous dire que les liens qui unissent deux scélérats sont *le joug des bienfaits.*

(*Page* 75) A mes yeux éblouis d'une coupable ivresse;

Yeux éblouis d'ivresse, épithète vuide de sens, vers foible et languissant.

Forlis vient.... je ne puis soutenir son approche:

Très-mauvais prétexte pour le faire sortir....; mais il le falloit, à tel prix que ce fût....!

SCÈNE III.

[*Page* 76] Lorsqu'un soin domestique occupe encor ma femme,

Nous avions cru que madame Versac se contentoit d'aller au club, de faire des décrets, de gronder son mari, de partager la république; mais elle range encore la vaisselle.... C'est une femme unique, universelle!

[*P.* 77] Et ces nobles sournois courtisans émérités, *etc.*

Voilà M. de Versac, *gentilhomme au fond du cœur*, qui nous dit bêtement, et sans s'en appercevoir, que les aristocrates sont des loups, et les patriotes des brebis.

[*Idem*] Du patriote vrai n'ont rien que les habits:
Ce sont loups déguisés sous la peau des brebis.

M. de Versac rend justice à la vertu des

patriotes roturiers, et prône la scélératesse des ci-devant nobles ; voilà un caractère admirablement conséquent !

[*Page* 77] Laissez-moi, mon ami, me réjouir d'avance.

Que Versac devient bête.....! Il se réjouit d'un complot qu'il sait découvert, il regarde Forlis comme le sauveur de la France ; et Forlis est déjà dénoncé, arrêté, et on lui a dit qu'il existoit des preuves, et Forlis ne le dissuade point.

[*P.* 78] Oubliez-vous, Versac, que vous parlez à moi ?

Parlez à moi ne peut pas se dire.

[*Page* 79] Monsieur votre intendant,
Le front pâle, les yeux égarés, à l'instant,
Pour vous parler, accourt plein de frayeurs mortelles.

L'intendant de notre républicain n'est pas assez égaré, pour oublier certaines formalités ; il se fait annoncer : on auroit pu le passer à l'auteur, s'il avoit encore eu quelques beaux vers à placer. Mais *le front pâle, à l'instant, etc. plein de frayeurs*, qui ne se dit pas au plurier, *mortelles*... ; ce n'est pas avec tout cela qu'on fait de beaux vers.

Pardon ; je n'en puis plus !

Ne s'étoit-il pas essuyé dans l'antichambre ?

[*Page* 80] Portant un front plus propre à semer les alarmes,
Plus meurtriers encor que leurs feux, que leurs armes

Les vers précédens étoient un assemblage bizarre d'épithètes fausses. Celui-ci: *Le front d'un assassin plus meurtrier que ses feux, que ses armes*, ne peut pas se dire.

[*Page* 80] Des monstres étrangers; [car quel Français jamais
Fut né pour ressembler aux tigres des forêts.

Flagornerie trop fausse pour éblouir. Il y a de la grandeur à se rappeller ses fautes pour s'en épargner de nouvelles; et nous savons tous que des Français, égarés à la vérité, se sont livrés à ces excès; il a tort d'ailleurs de rappeller un évènement qui s'est passé sous nos yeux, s'il veut le dénaturer.

Par d'autres monstres qu'eux envoyés pour détruire;

Que ce vers est dur...!

Sont chez vous, à cette heure où j'accours vous instruire.

Mauvais enjambement, et pitoyable cheville.

Tout périt consumé par la flamme rapide, *etc.*
Ou sert de récompense au brigandage avide.

Calomnie atroce.... Le peuple a pu commettre des excès, mais jamais il ne commit de vols; et les momens de sa fureur ont toujours été ceux de son désintéressement. Tout le monde l'a vu; mais suivons la description en elle-même, etc. Nul ordre; après qu'il nous a dit que *les murs étoient renversés*, il vient nous dire que *les meubles sont fracassés.*

[*Page* 81] J'ai volé vers le détour secret
Qui mène en son issue à votre cabinet :

Après bien des mots entassés sans art, quel est ce détour *secret qui mène, en son issue à votre cabinet.*

Cela n'est pas français.

Les brigands et la flamme en respectoient la porte.

Je vous arrête, monsieur l'auteur; vous nous avez dit : *Les combles sont brisés; dans des torrents de feu, les murs sont renversés.* Par quelle magie, ce cabinet mystérieux se trouve-t-il suspendu en l'air au milieu des ruines ? Par quelle autre magie, *ces brigands avides, à qui tout servoit de récompense* avoient-ils cependant respecté le dépôt de tout ce qu'il y avoit de plus précieux....

O la superbe description ! Vous me faites pitié ! Quel ordre ! quelle vérité ! quel style !

Cependant, courage jusqu'au bout !

Avec l'aide d'un fer que d'un bras sûr je porte,

On dit : *A l'aide... D'un bras sûr je porte* est trop dur. D'ailleurs dire *à l'aide d'un fer*, c'est dire *qu'on le porte.*

J'ai frayé mon passage.

On dit : *Je me suis frayé un passage.*

et bientôt ces deux mains,
Tentant pour vous servir d'honorables larcins, etc.

Ma foi, quittons prise ; c'est un galimathias digne d'un petit intendant qui se fait valoir pour avoir la pièce.. Mais Forlis ne donne pas dans le paneau.

[*Page* 82] Voilà ces belles lois! *etc.*

Voilà le plus fort argument qu'on puisse faire, sur-tout dans une circonstance aussi affreuse ; et un républicain auroit dû, ou ne pas la produire, ou la réfuter directement et victorieusement...,. Mais que lui répond Forlis ? Que les hommes ont *de quoi tout gâter ; le bien est toujours bien, quoi qu'ils puissent tenter;* faible réponse.... Si les meurtres et les embrâsemens se voyoient si fréquemment, la liberté, le bien ne seroit plus bien; les lois, si elles étoient toujours impuissantes, ne feroient plus le bonheur des hommes; nous ne devrions plus les approuver..... Et quand Forlis dit.... *Dussent des brigands les glaives et les feux, etc., je vivrai, je mourrai le même, exempt d'effroi. Fidèle à ma raison, toujours un, toujours moi!* Il n'est plus à mes yeux qu'un fanfaron entêté qui tient aux lois qu'il a faites, et qui, malgré les malheurs qu'elles occasionnent, ne veut pas se dédire, et non un républicain qui calcule les maux passagers qu'entraine l'élévation de l'édifice sacré de la liberté, avec ses avantages éternels, solides, avec la dignité de l'homme.

C'étoit-là l'occasion de détruire cette objection tant de fois faite..... Que la liberté publique est la source des maux particuliers, la perte de la liberté individuelle.... C'étoit-là qu'il falloit peindre d'un côté un peuple, vil troupeau d'esclaves courbé sous la verge du crime déifié, adorant ses caprices, ne respirant que par son ordre, et vivant pour ses menus plaisirs; de l'autre, un peuple fier, mais grand, mais généreux, chez qui la vertu seule auroit des autels : il falloit peindre le grand homme à côté du vil tyran, la gloire de la liberté, la honte de la tyrannie.

Mais non, dans une pièce si longue, amie des lois, et républicaine, rien ne m'inspire d'aversion pour les rois..... On nous y montre les maux qu'a causés l'enfance de la liberté, et on ne nous parle jamais des crimes des tyrans.

[*P.* 83] Non, je ne croyais pas qu'un homme droit et sage
Osât déifier ainsi le brigandage !....

Versac ne sait ce qu'il dit; Forlis n'a point du tout déifié le brigandage.

[*Page* 84] Le peuple! allons, le peuple! Ils n'ont que ce langage!
Tout le mal vient de lui; tout crime est son ouvrage!
Eh! mais, quand un beau trait vient l'immortaliser,
Que ne courez-vous donc aussi l'en accuser?

Voilà pourtant le peuple qu'on cesse

un moment d'outrager... Mais Forlis dit-il assez ? Non.

1°. Jamais les erreurs d'une section du peuple n'ont été celles du peuple entier : ainsi, après avoir parlé de brigands, il sied mal à Forlis de ne pas en repousser la honte loin du peuple. Que l'auteur me cite un seul crime, une seule erreur du peuple français. Moi, je vais lui citer ses vertus, ses bienfaits, son courage et ses victoires. Qu'une section égarée de ce peuple se soit abandonnée à des excès, quelle foule de grandes actions avoit-on à opposer à quelques erreurs.... Forlis répousse-t-il assez loin le blasphême de Versac ! Cette tirade paroît avoir bien coûté à l'auteur..... Elle est pleine de contradictions.

Opposons-la à elle-même.

Non, non, le peuple est juste, et c'est votre supplice !
Qui punit les brigands ne s'en rend point complice:

Nous allons citer les vers suivans, et nous verrons que ceux-ci n'étoient qu'une flagornerie dérisoire et injurieuse.

Ce peuple, je dis plus, des fautes qu'il consent ;
Des excès qu'il commet est encor innocent.

Après qu'il nous a dit que le peuple n'étoit jamais le complice des brigands... Ce *je dis plus* annonce qu'il va combler l'éloge du peuple; pas du tout, c'est pour se démentir, et nous dire que son bras peut servir au crime.

Il faut tromper son bras avant qu'il serve au crime;
Revenu de l'erreur, il pleure sa victime.

VERSAC.

[*Page* 85] Il est bien temps, ma foi !

N'est pas réfuté du tout, c'est un crime de l'auteur.

FORLIS.

Comme vous, mon ami,
J'aime et je veux des lois;

L'Ami des Lois ! ce républicain, qui veut des lois comme un Versac, ennemi de la république, qui veut sa dissolution, et qui desire le triomphe des émigrés.

J'ai plus que vous gémi
D'en voir tous les liens chaque jour se détendre :

Forlis, au lieu de réfuter directement les sophismes de Versac, semble l'approuver, en déplorant notre situation.... Si l'expérience montroit que les lois de la liberté sont inexécutables, la liberté ne seroit plus que l'anarchie.

Vous n'avez pas en vous ce qu'il faut pour m'entendre.
Ainsi, laissons cela.

Beau prétexte, belle réponse : ainsi l'aristocratie triomphe; ainsi Forlis n'est qu'un sot qui a besoin de finir, pour ne pas avouer sa défaite.

Qu'il eût été beau de voir un homme opprimé pour un instant confondre un malheur particulier dans le bien général ; lui faire dire qu'il souffre aujourd'hui ; mais que sa conscience le dédommage, mais que ce n'est pas le peuple qui l'opprime, mais que, pour un instant de malheur, il a goûté les délices, la grandeur de la liberté ; qu'il voit ses enfans, toutes les générations enfin bénir la constance du courageux républicain qui, au risque de sa vie, leur a préparé le bonheur d'être libres. Qu'est-ce qu'un petit malheur particulier, momentané, auprès du plaisir de faire une révolution qui doit décider du bonheur de l'univers.

Mais l'auteur n'a voulu peindre que les abus de la liberté.

[*P.* 86] C'est un vol entre nous, que vos soins obligeans
Devroient restituer à ces honnêtes gens.

Calomnie infâme, et qui n'est point repoussée.

Le reste de la scène n'est qu'un tissu de petits détails.

SCENE VII.

[*P.* 91] Restez, ces murs et moi pourront vous protéger.

Vers très-plaisant !

La crainte est pour le crime et non pour l'innocence.

Belle maxime, très-connue d'ailleurs, et qui est très-fausse dans le cas où l'on suppose Forlis.

Du moins en quelqu'endroit que vous tourniez vos pas ;

On dit tourner ses pas *vers*, et non *en quelqu'endroit.*

J'oubliois : on a vu ces hommes pleins de rage
Courir vers la maison de monsieur Nomophage ;

Ici le rôle de Nomophage commence à devenir inexplicable ; on ne sait pas comment cette fureur vraie ou fausse, contre Nomophage, peut hâter la perte de Forlis.

[*P.*92] Qu'avec ces mouvemens de haine franche et forte

Haine franche et forte, voilà encore des épithètes pour achever le vers !

Nous avons déjà remarqué qu'il étoit étonnant de voir Forlis tous les jours avec Nomophage.

SCENE VIII.

La scène est pleine d'invraisemblances ; on ne sait pourquoi Nomophage vient chercher Forlis, et lui montrer un excès d'attachement impossible *pour le porter à dévorer*. Est-il présumable que Nomophage, *et grand, et fourbe*, se montre le bourreau le plus détestable, et dise au peuple : *Le voilà*.... N'est-il pas plutôt dans le caractère de Nomophage d'aigrir les esprits, d'aiguiser les poignards, de diriger les assassins du côté de la maison de Forlis, que de leur dire : *Je m'en vais le chercher.*

Nous passerons rapidement sur les détails et sur le style de cette scène, qui est très-négligé.

[*P.* 95] J'eusse voulu de même en l'enchaînant sur vous.

On ne dit point : *Enchaîner la colère de quelqu'un sur un autre.*

[*Page* 96] De ce public amour que la faveur me donne;
Entourons bien vos jours, couvrons votre personne.

Le premier vers est aussi mauvais que travaillé ; le second est aussi pitoyable.

[*P.* 96] Quel changement! ô ciel! Est-ce une allusion?
Ou d'un génie affreux l'horrible invention ?

On avoit besoin de cet *à parte* pour faire soupçonner Nomophage.

Allons, suivons monsieur, ne soyez point rebelle.

Platitude.

FORLIS.

[*Page* 97] Permettez,

Dans cette tirade, Forlis fait semblant de deviner les motifs de Nomophage, et ne les devine pas du tout ; il divague.

Il faut une autre fois montrer plus de mémoire.

Nomophage en a montré, puisqu'il lui a dit que le peuple s'étoit ensuite appaisé, etc. Ainsi le motif de Forlis est nul. Suivons-le.

[*P.* 98] Pour l'honneur de mon être et de l'humanité,
Je couvre vos secrets de leur obscurité.

L'auteur

L'auteur, *pour l'honneur de son être*, auroit dû retrancher le premier vers.

Remarquons, d'ailleurs, que Fortis a dévoilé les intrigans. ainsi a été Nomophage dans des momens plus mal amenés; qu'ici son courroux n'est que trop légitime, et devroit même dévoiler ces secrets.... Mais il les ignore aussi bien que les spectateurs, et refuse Nomophage sans savoir pourquoi.

Dans le reste de la scène, le républic in appelle des laquais, il leur donne de l'argent pour les engager à soustraire Versac aux dangers qu'il veut courir.... De l'argent! voilà comme l'Ami des Lois estime l'homme. Croit-il que l'argent seul puisse nous les attacher ?

[*Page 99*] Tenez, mes bons amis... Vous aimez votre maître.

Gardez qu'il sorte...... Adieu;

[*Il s'échappe.*]

Eh bien, notre Ami des Lois..., Vous qui disiez avec tant d'emphase : *Eût-elle tort, je m'y soumets.* Vous oubliez donc qu'elle vous retient chez M. de Versac; vous oubliez donc que la garde est dans l'anti-chambre, et que votre ami répond de vous sur sa tête..... Vous appellez tous vos laquais à grand bruit.... *Que fait donc la garde citoyenne? L'avez-vous corrompue?* Il est bien malheureux que le dénouement de l'Ami des Loix soit une transgression à la loi,

D

[P. 100] Que va-t-il devenir ?... Monsieur je ne puis croire
Ce qu'il pense de vous !.... L'ame en est-elle plus noire

Au moins madame de Versac est dans son rôle ; elle ne dit que des sotises trivialement tournées.

Le malheur, sans doute, à ses yeux reproduit
Ces rêves d'un complot qui toujours le poursuit.

A présent Nomophage est d'une bassesse qui passe dans ses vers.... Il n'a plus de caractère.

Le malheur rend injuste ! oui ;... venez...Ah ! je tremble.
Du cabinet voisin suivons des yeux ensemble
Les mouvemens du peuple et cet infortuné,

Quelle petitesse... !

Dont pour toute autre fin le grand cœur étoit né ?

Le cœur naître pour une fin..... Quel genre de vers !

M. de Versac finit par faire jouer à Filto un rôle de laquais..., pour le bonheur des lecteurs. Que n'étoit-il un de ces laquais paisibles qui n'ont rien dit au moins.

Vous, monsieur, au-dehors informez-vous, de grâce !
Je brûle de savoir, et crains ce qui s'y passe.

L'auteur a voulu dire : *Je brûle et crains de savoir....*

Un Filto, qui est tantôt le plus scélérat, tantôt le plus fort en maximes, des tirades insignifiantes, des contradictions continuelles, l'intendant d'un *républicain* sévère qui se fait annoncer, s'essuie, paroît et débite des injures mal-adroitement et platement tournées, des argumens contre la liberté, qui ne sont nullement détruits, et qui peuvent l'être; un Nomophage sans caractère, quand il pouvoit soutenir son audace ; un dénouement qui détruit le but de la pièce; une infraction manifeste à la loi, des scènes mal amenées, des vers, ou très-médiocres, ou pitoyables; des solécismes, des contresens : voila le quatrième acte.

ACTE V.

SCENE PREMIERE.

Tous les vers de cet acte sont mauvais : ainsi nous ne nous arrêterons qu'aux moins supportables.

[*Page* 101] Toute une heure mortelle
Sans rentrer !

Vers dur, enjambement.

Trois laquais sont partis, rien n'arrive....

En parlant de laquais et de Filto, il faudroit : *Personne n'arrive.*

[*Il écoute.*]

[*P.* 102] On se querelle encore.... j'ai brouillé tout ici!...

Où le peuple est-il donc ? Sous les fenêtres de la maison.... Nomophage et madame Versac n'auroient pas besoin d'en demander des nouvelles... Loin de sa maison... ils ne l'entendroient pas.

Passons sur le reste de la scène, où l'auteur donne à Nomophage des craintes qu'il ne dut jamais avoir.

SCENE II.

Voilà un morceau qui nous semble au-dessous de la critique ; qu'il parle de lui-même, lecteurs ; le voilà :

VERSAC.

Madame, pardonnez mon injuste courroux
Plaignez, plaignez les maux où mon ame est en proie,
Au jour de la douleur, comme au jour de la joie,
Quand l'amitié gémit, de soi-même vainqueur,
Garde-t-on l'équilibre et de l'ame et du cœur ?
Je vais, je cours par-tout, ainsi qu'une ombre errante ;
J'appelle en vain Forlis d'une voix gémissante !
Tout se tait sur son sort ; et ce silence affreux
Redouble la terreur de ce jour douloureux !
Ah ! dieu ! ... dieu ! que je crains ! voyons, sonnez encore ;
Quels secrets m'apprendra le temps que je dévore ?

Madame VERSAC *sonne*.

[*Page* 103] Aucun n'est revenu ?

LE DOMESTIQUE.

Non, aucun jusqu'ici.

Madame VERSAC.

Le quartier ?

LE DOMESTIQUE.

Est tranquille, à présent, dieu merci.

J'ai cru lire la *Barbe-Bleue*.

SCENE III.

[*P.* 105] L'embrasser le premier, et de joie en mourir!

De joie en mourir est bien placé là!

Oh! monsieur; laissez-le sans contrainte
S'entourer de ce peuple et de sa douce étreinte.

Sans contrainte et *douce étreinte* sont très-poétiques!

Respectez ces transports d'ivresse et de faveur:

Transport d'ivresse! L'ivresse n'est autre chose qu'un transport.

Ce moment appartient au peuple son sauveur.

Quelle flagornerie! Le peuple seroit-il son sauveur, s'il s'étoit abandonné à cet excès... Devroit-on appeller *sauveur* un assassin qui suspendroit ses coups.

Votre hypocrisie se voit trop, monsieur l'auteur; vous donnez des louanges au peuple dans un moment affreux, parce qu'elles ne peuvent jamais l ennoblir aux yeux de celui qui raisonneroit, et vous ne lui en donneriez pas dans tant de circonstances où il les mérita. Vous ne nous le peignez qu'égaré ou repentant.... est-ce là le faire aimer? Est-ce là célébrer sa générosité dignement? Votre pièce ne me montre qu'un peuple qui, ayant commis un crime, n'en commet pas un second...

Comme si c'étoit une vertu, une générosité, que de s'arrêter dans la route des fortains.

Nous ne nous arrêterons plus du tout sur autant d'éloges qu'on pourroit prendre pour autant d'ironies....

Passons à la versification.

[*P.* 106] Qui de joie en ses bras donne et reçoit des larmes,

Donner des larmes dans le bras de quelqu'un, quelle expression !

Recueillant ses moyens et son ame en silence.

Faute de français... Les assassins ne paroissent pas très-pressés.

[*P.* 107] Seul, quand de nouveaux cris par mille voix poussés
Font retentir ces mots mille fois prononcés :

Des cris poussés par des voix... qui disent des mots prononcés ! La plume tombe à de pareils vers.

Un grouppe d'assassins fond vers lui, l'environne.

On dit : *Fondre sur quelqu'un.*

[*Page* 108] Juste ciel, Forlis va succomber!

Eh ! monsieur Versac, ne vous a-t-on pas crié : *sauvé* ! Mais c'est pour faire reprendre haleine à Filto.

Non, il en saisit deux, et terrible il s'écrie :

Le voilà donc transformé en athlète.

Ce dieu qui tonne

Cela est fort !

Les vers suivans sont sans force, surchargés de chevilles.

[*P.* 109] Voici d'autres garans, voici d'autres épreuves!

On ne demandoit pas d'épreuves...., mais des preuves. Il est étonnant que ces inconnus en si grand nombre n'aient rien appris, dans toute la journée, de l'incendie de *l'hôtel* de Forlis, puisque tous les groupes verbalisoient dès le matin.... Il étoit naturel qu'ils le justifiassent.... Mais ils se réservoient pour un coup de théâtre, sans savoir si Forlis étoit tué ou non.

Oui, Français, crioient-ils, vous lui devez nos bras.

L'aveu que ces inconnus font est charmant, et j'admire la constance du peuple. Ils avouent tout uniment qu'ils auroient déchiré la France... L'auteur sort trop souvent de la nature.

Observons, en passant, que, depuis la révolution, et la guerre sur-tout, il ne fût pas d'indigens à ce point, et que les armées et les travaux publics étoient l'asyle des malheureux....

[*P.* 110] Pour rendre ce tableau d'ivresse universelle;

Que *l'ivresse* nous revient souvent!

Les vers qui suivent ne sont pas meilleurs.

Vous soulevez le poids qui pesoit sur mon ame..

On ne dit pas *un poids pèse. Ame* est là mis pour *cœur.*

SCENE IV.

NOMOPHAGE.

Quel embarras !

Oh ! oui : rien de plus grand que le sien ! si ce n'est celui de l'auteur a suivre un caractère.....

[*P.* 111] Et je sens dans vos bras, dont Forlis est lié, *etc.*

n'est pas français.... L'auteur devoit dire : *Et j'éprouve entre vos bras, dont je me sens lié ;* ou *Forlis sent dans vos bras, dont il est lié....*, et ne pas employer deux personnes où il n'est question que d'une seule.

2°. Ces bras *dont il est lié* est une mauvaise expression, un besoin de rimer.

FORLIS.

Osez-vous bien encor me regarder en face ?

NOMOPHAGE.

Pourquoi non ?

Le premier vers est trivial... Le *pourquoi non* de Nomophage ne l'est pas moins.... C'est pitoyablement *soutenir son audace.*

Sous ce manteau sacré de ses regards perfides

Le manteau de ses regards ! L'auteur est fécond en expressions nouvelles... !

[P. 112] Pensez-vous que ce peuple envers vous si facile
N'ouvre qu'à vos accens une oreille docile ?

Nomophage, après avoir été plus bas, plus rampant que Filto, finit par des fanfaronades ridicules.... L'auteur n'a pas cru sa pièce finie ; il a voulu, malheureusement pour lui, l'allonger. Le reste d'un acte déjà si mauvais est bien au-dessous encore.

SCENE V.

VERSAC.

[P. 113] Monsieur, suivez cet homme, et venez nous redire
Si sur le peuple encor sa voix a quelqu'empire.

Voilà qui est bien cruel, et qui n'inspire aucun intérêt. On voit déjà revenir l'intendant annonçant la punition de Nomophage.

[P. 114] Aussi de ce moment, oui, j'abhore à jamais
La nouvelle réforme autant que je l'aimois !

Voilà l'effet que la pièce a fait sur madame Versac, sans doute, sur l'esprit de bien des spectateurs foibles et irréfléchis.

Non, non, ce n'est point là le vrai républicanisme.

SCENE DERNIERE.

De l'intrigant enfin le règne expire.
A séduire le peuple envain sa bouche aspire.

Voilà cet intendant qui vient nous apprendre ce que nous savions déjà.... On le passeroit à l'auteur, si les vers avoient quelque mérite ; mais c'est toujours la même plume.

[*P.* 115] Destin trop mérité!.... ces éclats scandaleax, *etc.*

Madame Versac met poliment à la porte Filto, et nous ne réclamons pas ; l'auteur auroit dû le faire lui-même, dès le commencement de la pièce.

Forlis veut qu'il reste, et il reste. Peut-on mettre de telles petitesses sur un théâtre ?

[*P.* 116] Ce diable d'homme en soi je ne sais quoi renferme,
Qui, si je m'oubliois, si je n'étois pas ferme ;
Me feroit presqu'aimer sa révolution !

Enfin, malgré tout ce qu'a fait, ce qu'a dit Forlis, Versac ne balance même pas, et reste aristocrate comme il l'étoit : de tous les spectateurs qui lui ressembloient, il n'en est pas un qui ne haïsse davantage la liberté ; de tous les patriotes, pas un qui ne commence à douter de ses avantages en voyant tant de maux, pas un qui ne se familiarise avec l'idée de l'ancien régime. Voilà l'heureux effet de l'Ami des Loix !

Après bien des petitesses, des mauvais vers, madame Versac finit ainsi :

[P. 118] Je vais à tous les miens consacrer ce retour.

Inintelligible.

Du sang et de l'hymen suivre la loi chérie,
C'est ainsi qu'une femme aime et sert la patrie ;

Le premier vers ne mérite pas la censure ; Le second.... A propos de quoi...

Puisque dans vos leçons vous nous montrez si bien,
Que le seul honnête homme est le vrai citoyen.

Lecteurs, jugez l'Ami des Loix.

F I N.

Erreurs, atrocités, mensonges, perfidie,
Tels sont les élémens de cette comédie.

A Paris. De l'Imprimerie de C.-J. GELÉ, Imprimeur de la Gendarmerie Nationale, rue de la Harpe, nº 173.

www.ingramcontent.com/pod-product-compliance
Lightning Source LLC
LaVergne TN
LVHW050431160826
845677LV00002BA/648

* 9 7 8 2 3 2 9 6 7 9 6 6 2 *